EINHÖRNER für Einsteiger

Das magische Einhorn-Handbuch

Jessie Oleson Moore

arsEdition

Stuff Unicorns Love

Übersetzung aus dem Amerikanischen: Ute Löwenberg
Satz: Angelika Schön

ISBN 978-3-8458-2895-4
1. Auflage
www.arsedition.de

MIX
Papier aus verantwortungsvollen Quellen
FSC® C002795
FSC
www.fsc.org

Widmung

Für meine beiden ganz persönlichen Einhörner
und Segen, Olive und Porkchop

INHALT

#GESEGNET

DANKSAGUNG

Ohne die Hilfe meiner Freunde hätte ich dieses Buch nie und nimmer schreiben können. An erster Stelle danke ich dem Einhorn Sprinkle, das mein sachkundiger, kreativer und magischer Co-Autor war. Aber auch all den anderen Einhörnern, die mich beim Schreiben beraten haben, gilt mein besonderer Dank.

Ein riesiges, zuckerwattiges Dankeschön geht an Eileen Mullan und Brendan O'Neill von Adams Media dafür, dass sie 1.) an Einhörner und 2.) an dieses Projekt geglaubt haben.

Eine glitzernde Sternschnuppe voller Dankbarkeit gilt Alexandra Penfold, meiner Agentin, langjährigen Unterstützerin und offiziellen Einhorn-Beraterin.

Porkchop und Olive, ich umarme euch liebevoll für eure Zuneigung, Begleitung und Unterstützung während des Schreibens an diesem Buch.

Zauberhafte Regenbogenglitzer-Küsse gehen an das Team Unicorn, das mich mit Rat und Tat sowie Einhorn-Wortspielen und -Witzen rundum versorgt hat, u. a. an Margie Moore, Jenna Graham, Rebecca Patt, Natalie Fox, Kasey Brooks und an die treuen Follower meiner Website CakeSpy.com – und den verbundenen Social-Media-Seiten. Ihr seid die Allerbesten, wenn es darum geht, sich Unterstützung jeder Art für ein Einhorn-Projekt zu suchen.

VORWORT

Willkommen! Dieses Buch wurde von Einhörnern für Menschen geschrieben und ist eine riesige, zuckersüße Würdigung all dessen, was Einhörner am meisten lieben. Du wirst erfahren, wie Einhörner ticken und was sie mit Freude erfüllt. Von Regenbögen und Zuckerwatte zu Tanzpartys und Donuts mit bunten Zuckerstreuseln: Einhörner verstehen es, Spaß zu haben. Zum ersten Mal möchten sie nun ihre Lieblingsbeschäftigungen und -dinge mit uns Menschen teilen.

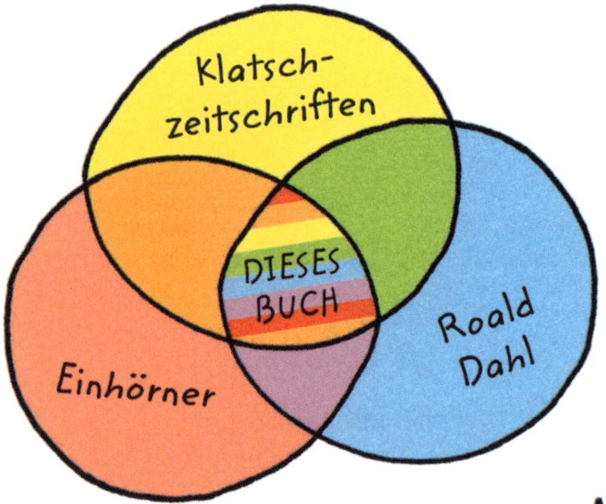

#Magie

#Einhörner

Die meisten Menschen wissen wenig über Einhörner. Wenn du also dieses Buch liest, denk immer daran:

- Einhörner sprechen eine Zaubersprache, die für Menschen nahezu unverständlich ist.
- Einhörner sind ziemlich scheue Lebewesen. Sie meiden so weit wie möglich das Rampenlicht, weshalb man sie so gut wie nie zu Gesicht bekommt.
- Einhörner haben keine Hände. Ihre Hufe sind zwar fantastisch zum Galoppieren geeignet und ermöglichen ihnen, Cupcakes und Zuckerwatte zu halten – zum Tippen und Schreiben taugen sie aber nicht.

Aus all diesen Gründen brauchten die Einhörner einen Menschen (ähem … mich), um ihre echten, geheimen Gefühle in, wie sie es nennen, „Menschensprache“ zu übersetzen. Mithilfe meines treuen Einhorns und BFF Sprinkle schuf ich ein Buch, das die geheimnisvolle und teilweise spitzbübische Mentalität der Einhörner einfängt. Also mach dich bereit für Zuckerwatte-Wolken, High-Fives mit Glitzerhufen und eine ordentliche Portion regenbogenfarbene Magie. Im Namen aller Einhörner überall: Viel Spaß dabei!

#fantastisch

Hallo!

DARF ICH VORSTELLEN: SPRINKLE!

Mein Einhorn und BFF Sprinkle ist im Zuckerwatte-Zauberwald zur Welt gekommen und hat an der amerikanischen Unicorniversity Menschologie studiert. Er – richtig, Sprinkle ist ein Er – liebt den Duft von Zuckerwatte, frühstückt jeden Morgen eine Portion Unicornflakes und behauptet, seine Leibspeise sei Karottenkuchen. Er sagt, dass er jede Minute schön fand, die er mir an diesem Buch mitgeholfen hat. Sag Hallo, Sprinkle!

Hallooooo

Kapitel 1

EINHÖRNER KENNENLERNEN

Vermutlich sind dir einige grundlegende Fakten über Einhörner bekannt: Sie haben Hörner, sie lieben Regenbögen und sie sind sehr magische Wesen. Aber darüber hinaus gibt es so viel mehr Wissenswertes. Die wichtigsten Lebensumstände – wo sie leben, was sie glücklich macht, mit wem sie sich treffen, sogar wie sie äppeln (lecker!) – erfährst du auf den nächsten Seiten.

DIE 3 GOLDENEN REGELN, DIE JEDES EINHORN BEFOLGEN MUSS

Der erste Schritt zum Verständnis von Einhörnern ist,
wie eines zu denken und diese drei Grundregeln zu verinnerlichen:

1. Sei bereit, zu jeder Zeit an jedem Ort Erfreuliches zu entdecken. Du kannst unendlich viel zauberhaften, regenbogenfarbenen Spaß in dieser Welt haben – verpass ihn nicht.

2. Wenn du mal traurig bist, iss ganz viele Süßigkeiten und tanze mindestens 20 Minuten zu 80er-Jahre-Musik. Wiederhole die Schritte, falls nötig, bis der Blues einem regenbogenfarbenen Glücksgefühl gewichen ist.

3. Glaube immer, immer, *immer* an Magie.

WAS IST EIN EINHORN?

Den Menschen gelten Einhörner als seltene, mystische Lebewesen aus einer mythologischen Zauberwelt. Obwohl Einhörner in ihrem Erscheinungsbild Ponys mit einem Horn auf dem Kopf ähneln, haben sie eine eigene, unverwechselbare DNA. Jedes Einhorn besteht zu gleichen Teilen aus Magie, Niedlichkeit und Liebe, mit einem kleinen Zusatz von Begeisterungsfähigkeit und Unfug. Mische diese Teile, und – tadaa! – schon hast du ein geheimnisvolles Einhorn …

WO LEBEN EINHÖRNER?

Schau hoch in die Wolken in den blauen Himmel über dir. Du kannst es nicht sehen, aber darüber befindet sich noch eine Himmelsschicht, wo die Luft nach frisch glasierten Donuts duftet und die rosa Wolken aus Zuckerwatte bestehen. Hier, liebe Leserin, lieber Leser, ist die Heimat der Einhörner.

Zum Glück für uns Menschen können die Einhörner, wann immer sie wollen, hinunter zur Erde schweben. Das ermöglicht ihnen, nicht nur die Menschenwelt im Auge zu behalten, sondern auch die professionelle Tischtennis-Liga, wonach sie verrückt sind.
Einhörner neigen zu Heimlichtuerei, du musst also dranbleiben und genau hinschauen. Dann wirst du überrascht sein, dass sie gar nicht so selten sind, wie man glaubt.

EINHORN, PEGASUS, PONY: WAS SIND DIE UNTERSCHIEDE?

Manchmal werden Einhörner mit ihrem magischen Gegenstück, dem Pegasus, oder mit den irdischen Ponys verwechselt und gefragt: „Wo sind deine Flügel?" oder „Seid ihr mit Ponys verwandt?" Und obwohl sie alle zur Gattung der Mystischen Ponys gehören, gibt es einige Unterschiede zwischen diesen Lebewesen, die du kennen solltest.

Einhorn: Bekanntestes und magischstes Mitglied der Gattung der Mystischen Ponys. Ganz einfach an seinem Horn zu erkennen. Kann, obschon es keine Flügel hat, schweben und fliegen und hat die Aufgabe, in der Welt Magie und Mystik zu erzeugen, zu teilen und zu verbreiten.

Pegasus: Erkennbar an seinen Flügeln. Kein Horn. Etwas weniger magisch als Einhörner.

Pony: Hat weder Flügel noch Horn. Obwohl es ein gutmütiges und liebevolles Herz besitzt, verfügt es über keine speziellen magischen Kräfte.

WISSENSWERTES ÜBER DAS HORN

Das Horn ist das erkennbarste Merkmal eines jeden Einhorns und das Symbol seiner magischen Kraft.

Warum haben Einhörner Hörner?

Vermutlich entwickelte sich das Horn als praktische Möglichkeit, Donuts zu halten und zu transportieren – einer der Lieblingssnacks aller Einhörner. Diese runden Leckereien füllten als Picknick die Mägen der Einhörner, wenn sie auf Abenteuerreisen in Regenbogen-Tälern und Buttercreme-Wolken-Wäldern unterwegs waren.

Mit der Zeit entdeckten Einhörner viele andere Einsatzmöglichkeiten für ihr Horn. Sie benutzen es unter anderem:

- zum Festhalten von Regenbogen-Bagels
- zum Erschaffen von Kunstwerken
- zum Ringwurf-Spielen
- zum Abschalten piepsender Rauchmelder
- als Rührstab
- zur Verteidigung der Ehre von Prinzessinnen

Fühlen Einhörner etwas in ihrem Horn?

Selbstverständlich! Frag bitte immer, bevor du es berührst, und versuche nie, es zu drehen oder zu verbiegen.

Hat das Horn wirklich magische Eigenschaften?

Der Legende nach kann das Horn Gift neutralisieren. Wenn man dazu jedoch Einhörner befragt, antworten sie immer, dass die größte magische Kraft ihres Horns darin besteht, Donuts zu halten.

DIE SINNE DER EINHÖRNER

Ob du es glaubst oder nicht, Einhörner empfinden die üblichen Sinneswahrnehmungen – Sehen, Hören, Berühren, Schmecken und Riechen – ganz anders als Menschen:

Sehen: Einhörner sehen alles etwas magischer als wir Menschen. Die Ränder glitzern leicht und Ärger oder Traurigkeit werden sanft ausgeblendet.

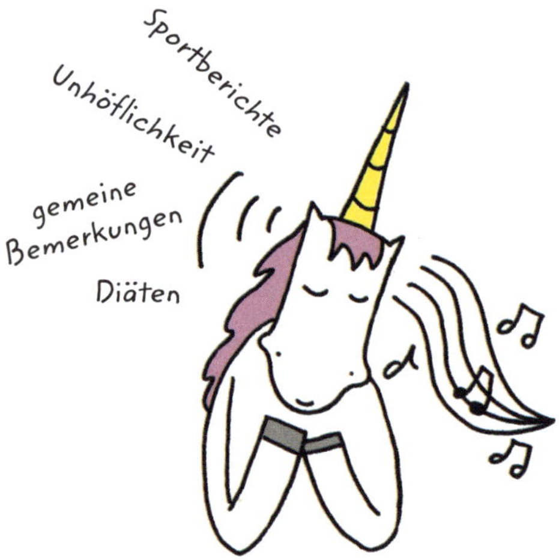

Hören: Einhörner haben ein sogenanntes selektives Gehör. Ihre Ohren filtern alles heraus, was sich nicht lieblich und zuckersüß anhört. Es kann sein, dass ein Einhorn dich ausblendet, wenn du über deine letzte Fastenkur oder ein Fußballspiel sprichst. Versuch's lieber mit Zuckerstreusel-Cupcakes, 80er-Jahre-Musik oder Scrapbook-Kritzel-Kunst.

Fühlen: Umarmen und Knuddeln ist Nahrung für die Einhornseele. Triffst du auf ein Einhorn, frag auf jeden Fall, ob du es umarmen darfst. Achte aber, falls es Ja sagt, unbedingt darauf, den Kopf wegzudrehen, damit dir das Horn nicht ins Auge sticht.

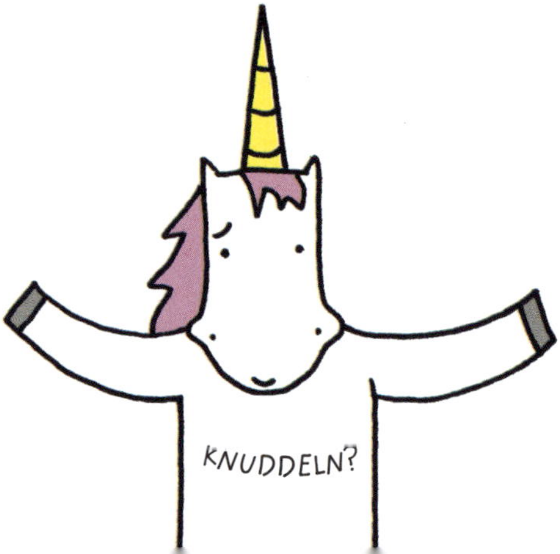

Schmecken: Einhörner können herzhafte Gerichte – außer natürlich Pizza – nicht schmecken. In ihrer Welt zählt Pizza zu den gesunden Nahrungsmitteln. Einhörner gedeihen prächtig durch den Verzehr von Cupcakes, Keksen, Zuckerwatte und anderen Süßigkeiten.

Riechen: Der Geruchssinn von Einhörnern ist darauf ausgerichtet, angenehme Gerüche wahrzunehmen und unangenehme herauszufiltern. Schnell wittern sie den Duft von Veilchen, frisch gebackenen Plätzchen oder Geburtstagskuchen, bleiben aber glücklich verschont durch Gestank, wie zum Beispiel den von Stinkfüßen.

DER SECHSTE SINN

Einhörner verfügen zudem über einen Sinn für Magie. Wie fühlt sich das an? Führ dir den Moment vor Augen, als du mit sechs Jahren dein Traum-Weihnachtsgeschenk ausgepackt hast. Oder denk an das Gefühl, wenn du die Kerzen auf deinem Geburtstagskuchen auspustest. Was wir Menschen nur manchmal erleben dürfen, ist für Einhörner immer da.

EINHORN-BEGRÜSSUNGEN

Wie sagen Einhörner „Hallo“ und „Tschüs“ zueinander? Und wie drücken sie aus, dass etwas supertoll oder megageheim ist?

Hallo: Einhörner begrüßen sich durch Hörner-Kreuzen und Aneinanderreiben der Schnauzen.

Huf-Bump: Unter coolen Jungs-Einhörnern ist es angesagt, die Vorderbeine abzuknicken und die Hufe außen zusammenzuschlagen.

High-Five: Das Einhorn-Abklatschen ähnelt sehr einem Eselstritt, nur dass beim Hufe-Zusammenschlagen ein Regenbogen-Stern erscheint. Auf keinen Fall zur Nachahmung empfohlen!

Horn-Stups: Einhörner stupsen kurz die Hörner aneinander, nachdem sie sich Geheimnisse anvertraut haben.

Tschüs: Zum Verabschieden berühren sie sich mit den Herzen auf ihrem Hinterteil (und ja, es gibt ein Herz auf jeder Seite).

MENSCHEN UND EINHÖRNER – FAKTEN UND (HALB-)WISSEN

Einhörner *lieben* Geheimnisse. Deshalb ist es kein Wunder, dass wir so wenig über sie wissen. Hier findest du fünf Fakten, die dir vielleicht neu sind.

1. Eine Gruppe von Einhörnern wird als „Segen" bezeichnet. Logisch! Wir sind ja schon dadurch gesegnet, dass wir überhaupt von ihrer Existenz wissen.

2. Wusstest du, dass das Einhorn das Nationaltier Schottlands ist und gut sichtbar das Nationalwappen schmückt? Es galt als Symbol des Freiheitskampfes gegen die Engländer.

3. Eine einhornförmige Sternenkonstellation (Monoceros) schmückt den Himmel südlich des Himmelsäquators. Vielleicht glitzern Einhorn-Augen deshalb wie Sternenstaub.

4. Alexander der Große hat behauptet, ein Einhorn geritten zu haben. Echt jetzt, Alexander? – Einhörner selbst sagen, dass sie lieber Taxi fahren.

5. Der Legende nach besteht der dänische Thron aus den 1660er-Jahren aus Einhorn-Hörnern. Das ist mit Sicherheit auch eine Lüge.

Nicht
dein Ernst!

5 FASZINIERENDE DETAILS AUS DER EINHORN-WELT

Wie viel wissen wir *wirklich* über Einhörner?

1. 9 von 10 Einhörnern sagen, dass Kaugummi der beste Pizza-Belag ist.

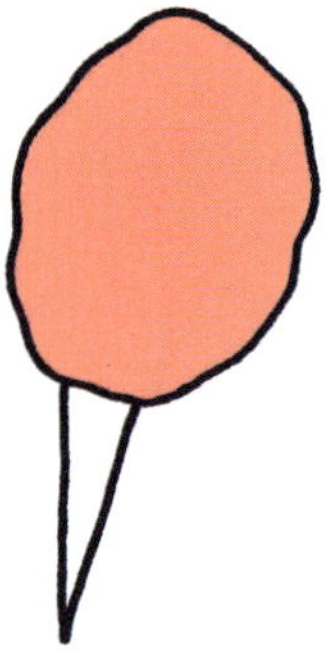

2. Zuckerwatte ist bei Weitem das wichtigste Nahrungsmittel in der Einhorn-Welt. Im Durchschnitt verzehrt jedes Einhorn davon 44,4 kg pro Jahr.

3. Es stimmt:
Einhörner pupsen Regenbögen.

4. Das Lieblingsgewürz von Einhörnern ist Glitzer. Tatsächlich stehen auf allen Restauranttischen der Einhorn-Welt Streuer mit Glitzer, so wie bei uns mit Salz und Pfeffer.

5. Horn-Fechten ist unter Einhörnern die beliebteste Sportart, gefolgt von Ringwurf und Tellerdrehen.

#WAHRHEIT

DER HYPE UM DIE EINHORN-VERDAUUNG

Die Körperfunktionen von Einhörnern bewegen seit einiger Zeit die Gemüter: Menschen beschäftigen sich mit Pupsen, Rülpsen und natürlich vor allem mit der Frage: Ist Einhorn-Kacke wirklich süß?

Nun, wenn der Satz gilt „Du bist, was du isst", verwundert es nicht, dass Einhorn-Kacke wirklich süß ist. Wie das Einhorn selbst, besteht auch dessen Kacke aus Magie. Mal kommt sie Baiser- oder Keks-artig daher, mal auch weicher, fast immer aber ist sie regenbogenfarbig und zu 100 % für den menschlichen Verzehr geeignet.

Und falls du dich das fragst: Einhörner schwitzen bunte Zuckerstreusel, die ebenfalls für den Verzehr geeignet sind, und sie pupsen und rülpsen Regenbögen, die immer wie frisch gebackene Plätzchen duften.

WIE DOPPELTE REGENBÖGEN
WIRKLICH ENTSTEHEN

WIE BUNTE ZUCKERSTREUSEL WIRKLICH HERGESTELLT WERDEN

Was ist das Beste an einer Einhorn-Party? Dass beim Tanzen zu 80er-Jahre-Musik so viele Zuckerstreusel produziert werden!

DIE GESCHICHTE DER EINHÖRNER

Seit Jahrhunderten schweben Einhörner durch Zuckerwatte-Wolken und feiern Glitzerpartys. Hier ein paar Eckdaten zur Einhorn-Geschichte:

400 v. Chr.: Die Bekanntheit von Einhörnern wächst, da der griechische Schriftsteller Ktesias sie erstmals in seinem Buch „Indika“ erwähnt.

ca. 1224: Dschingis Khan nimmt nach einer Begegnung mit einem Einhorn Abstand von seinem Plan, Indien anzugreifen. Einhörner können sehr überzeugend sein …

1505 oder 1506: Der Künstler Raffael malt das Meisterwerk „Dame mit Einhorn“.

1871: Das Buch „Alice hinter den Spiegeln“ mit dem Kapitel „Löwe und Einhorn“ von Lewis Carroll erscheint.

1962: Shel Silverstein nimmt den Song „The Unicorn“ auf. Ein Hit wurde der Song in der Version der Band „The Irish Rovers“. Er etablierte sich schnell als inoffizielle Hymne für Einhörner. (Der Songtext erreichte ein neues Publikum, als er 1974 in Silversteins Gedichtband „Wo der Gehweg endet“ abgedruckt wurde.)

1968: Das Buch „Das letzte Einhorn“ von Peter S. Beagle erscheint. Daraus wurde später ein Zeichentrickfilm gemacht. (Jedes Einhorn wird dir bestätigen, dass der Film besser war.)

#flashback!

1979: Lisa Frank gründet ihre Design-Firma – Regenbogenfarben erobern die Welt.

ab 1982: Die Produkte der Marke „My Little Pony" beglücken Pferdeverrückte weltweit.

Was für eine MAGISCHE Reise!

1994: Die Spielzeugfirma Ty Inc. bringt ein Einhorn-Beanie-Baby namens Mystic auf den Markt – die Plüschtiere sind unter Einhorn-Fans ein großer Erfolg.

2010: Das Online-Videospiel „Robot Unicorn Attack" erscheint.

2015: Die Firma Squatty Potty lüftet in einem Werbespot das Geheimnis rund um Einhorn-Kacke.

2017: Die Cafékette Starbucks bietet in den USA den „Unicorn Frappuccino" an, und während die Mitarbeiter Einhörner verfluchen, feiert die Internetgemeinde sie mit Selfies.

#einhornselfie

EINHORN-NACHWUCHS

Bei Einhorn-Babys ist das Horn nur eine kleine Erhebung, weswegen Einhörner es liebevoll Knubbelchen nennen. Einhorn-Babys sind genauso süß, wie du sie dir vorstellst.

Wird das Baby größer, wächst auch das Horn. Als Kinder besuchen alle Einhörner die Schule, wo sie verschiedene geheimnisvolle Fächer haben, zum Beispiel Magie, Fröhlichkeit, Gute Laune und Glücklichsein.

Auch Einhörner durchlaufen die Pubertät. Zunächst sind sie linkisch und kichern viel, später wirken sie oft mürrisch, lebensüberdrüssig und müde. Aber keine Sorge – das ist nur eine Phase!

DIE BELIEBTESTEN EINHORN-NAMEN

Diese Liste führt die aktuell beliebtesten Namen für Baby-Einhörner auf. Anders als beim Menschen gelten sie für beide Geschlechter.

Glitzer	Marshmallow	Butterblume	Sternchen
Zauber	Regenbogen	Eunice	Muffin
Freude	Sprinkle	Hörnchen	Funkel

Hier siehst du ein ausgewachsenes Einhorn.

DIE MÄHNE STYLEN: LASS DICH INSPIRIEREN

Stylen sich Einhörner ihre Mähne?
Ja klar, was denkst du denn!

Wie könnte es bei diesen glänzenden Mähnen und Schweifen auch anders sein! Viele bevorzugen einen einfachen Zopf, eine Flechtfrisur oder eine Spange im Haar, andere färben ihre Mähne bunt. Aber manche stylen sich extrem aufwendig wie Popstars oder Märchenfiguren.

EINHORN-HAARFARBE

Welche Mähnen- und Schwanzfarbe haben Einhörner von Natur aus? Ein helles Lila, aber sie können ein andersfarbiges Einhorn werden, indem sie es sich einfach wünschen (coole Haarfärbemethode, oder?).

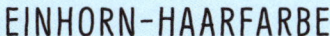

SCHÖNHEITSPFLEGE: WELLNESS FÜR EINHÖRNER

Wie sieht das Pflegeprogramm eines Einhorns aus? Nun, Hufiküre und Horniküre sind die Herzstücke eines jeden Einhorn-Spa-Tags.

Die Basis-Hornpflege umfasst Einweichen, Reinigen, Glanzschleifen und, falls gewünscht, Polieren. Wenn sie sich etwas Besonderes gönnen möchten, buchen Einhörner gerne Hinterteil-Shiatsu und Nüstern-Akupressur hinzu.

HABEN EINHÖRNER DATES?

1. Oh ja! Einhörner haben Dates und heiraten sogar. Wie wir Menschen sehnen sich viele von ihnen nach einem Partner fürs Leben. Außerdem lieben sie Hochzeitstorte!

2. Und ja: Es gibt weibliche und männliche Einhörner. Das Geschlecht ist aber meist nicht an den (magischen) Namen zu erkennen, die für beide gleich sind.

3. Ohne ins Detail gehen zu wollen, denn etwas Privatsphäre muss sein: Sie machen wunderhübsche Einhorn-Babys ...

Wie wir Menschen daten Einhörner zunächst oft online. Die beliebteste App dafür ist LoveBubble, mit der Einhörner magische Botschafts-Bubbles hin- und herschicken und so ihr Interesse aneinander zeigen.

Wenn ein Einhorn seine wahre Liebe gefunden hat, ist es für immer. Du würdest auch nicht das perfekte Einhorn ziehen lassen, oder?

FRAGE & ANTWORT EINHORN-INTERVIEW

Als ich Sprinkle begegnete und sich das Funkeln unserer Augen traf, wusste ich sofort, dass wir eine ganz besondere Verbindung haben. Aber richtig ernsthaft unterhalten haben wir uns erst eines Abends, nachdem wir eine raue Partie Ringwerfen hinter uns hatten. Über einen Riesenteller Regenbogen-Kekse hinweg stellte ich Sprinkle die Fragen über Einhörner, die mir schon lange auf der Seele brannten.

Bist du echt? Wenn du an mich glaubst, ja.

Ist euer Blut wirklich silbern? Ich habe das in „Harry Potter" gelesen. Aber wer sollte uns zum Bluten bringen wollen? Statt zu bluten, verströmen wir lieber Magie.

Was hältst du vom Trend zu regenbogenfarbigem Einhorn-Essen? Einfach GROSSARTIG.

Was ist dein Lieblingsessen? Alles, es muss nur regenbogenfarbig und süß sein.

Was ist dein Nachname? Knuddel. Mein vollständiger Name ist Sprinkles Sonnenstrahl Knuddel, jr.

Hast du einen Beruf? 24 Stunden am Tag magisch und geheimnisvoll zu sein.

Darf ich auf dir reiten? Ich bitte dich ... wir haben uns doch gerade erst kennengelernt!

Kannst du mir einen Wunsch erfüllen? Morgen vielleicht.

Wie sind deine Gefühle für Menschen? Ich liebe sie so sehr wie sie mich.

DONUT
STOP
Believin'!

GLAUBE AN SIE!

Wie lange leben Einhörner?
Die kürzeste Antwort lautet:
So lange, wie du an sie glaubst.

Vorausgesetzt, dass Einhörner gut essen, ausreichend Zauber erleben und ihr Alltag durch Freude und Glück geprägt ist, können sie ewig leben. Was sie aber vor allem am Leben hält, ist unser Glaube an sie und ihren Zauber. Also gib ihn niemals, niemals, NIEMALS auf!

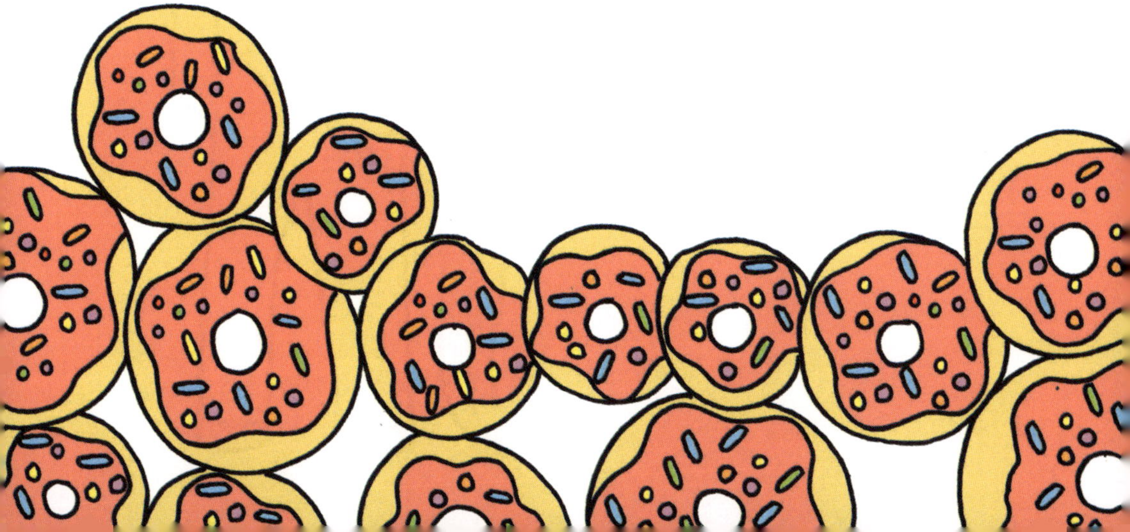

Kapitel 2

WAS EINHÖRNER GLÜCKLICH MACHT

Hast du dich schon mal gefragt, was Einhörner gern haben, was nicht und warum? Du kannst dich freuen: Auf den nächsten Seiten erfährst du, was Einhorn-Herzen vor Glück höher schlagen lässt und ihre Welt in einen wunderbaren Perlmuttschimmer taucht. Aber auch, was sie vor lauter Wut und Frust am liebsten in den Boden stampfen würden.

ZUCKERWATTE

Mit Ausnahme einiger weniger Buttercreme-Wolken-Wälder und vereinzelter Marshmallow-Schönwetter-Wölkchen bestehen die Wolken in der Einhorn-Welt aus Zuckerwatte. Sie ist nicht nur Grundnahrungsmittel, sondern wunderbar zum darauf Tanzen und nächtlichen Einkuscheln geeignet.

CUPCAKES

In der Einhorn-Welt gibt es verpflichtende Freude-Untersuchungen – ein bisschen so wie bei uns die Untersuchung zur Feststellung, ob die Kinder schulreif sind, nur viel lustiger. Cupcakes spielen bei diesen Tests eine wichtige Rolle, denn sie sind süß und köstlich und vor allem braucht man sie nicht zu teilen. Einhörner lieben sie.

HERZEN UND STERNE

Herzchen und Sterne sind besonders wichtig in der Einhorn-Welt. Liebe bedeutet für Einhörner alles, sodass sich mit der Zeit eine herzförmige Zeichnung an ihren süßen Hinterteilen gebildet hat. Und weil Sterne Zauber und Magie symbolisieren, sind Sternschnuppen-Schauer die ständigen Begleiter von Einhörnern.

REGENBÖGEN ... JIPPIE!

Regenbögen versorgen Einhörner mental und körperlich mit Nährstoffen. Das ganze Spektrum der Farben auf einmal zu sehen, macht sie glücklich. Und der Verzehr von regenbogenfarbigen oder mit bunten Zuckerstreuseln verzierten Leckereien lässt ihr Fell schimmern und glänzen.

DONUTS

Wir wissen ja schon, dass die Hörner der Einhörner sich ursprünglich als Donut-Halter entwickelt hatten. Auch wenn Einhörner heutzutage nicht mehr täglich Donuts transportieren, lieben sie diese Leckerei besonders. Die Ausnahme sind mit Creme oder Marmelade gefüllte Donuts. Sie sind zwar lecker, lassen sich aber leider schlecht aufs Horn nehmen.

RINGE WERFEN

Das Horn der Einhörner eignet sich perfekt fürs Ringwerfen. Klassisch wurden echte Donuts zum Werfen verwendet, heute werden sie meist durch künstliche ersetzt, um Verschwendung und das Verkleben des Horns durch den Zuckerguss zu vermeiden.

PRINZESSINNEN

Einhörner lieben alles, was mit Prinzessinnen zu tun hat: ihre Anmut, die zauberhaften Schlösser, die Soundtracks aller Prinzessinnen-Filme und die Tatsache, dass winzige Vögelchen beim Gehen ihre Schleppen tragen.

(LIEBE) HEXEN

Gute Hexen sind wertvolle Verbündete für Einhörner und umgekehrt. Hexen können eine „Gute-Laune-Blase“ um das Einhorn herumhexen, wenn es die Menschenwelt besucht, und Einhörner lassen Hexen auf sich reiten, wenn deren Besen eine Panne hat.

Manchmal leihen sich Einhörner einen Hexenhut, um unerkannt zu bleiben.

SCHMETTERLINGE

Kleine, zauberhafte Flatterdinger mit leuchtend bunten Flügeln, die in der Luft herumtanzen – hattest du irgendwelche Zweifel, dass Einhörner sie lieben?

BUTTERCREME

Einhörner sagen, dass sie das Tortendekorieren lieben, aber mal ehrlich: Sie essen deutlich mehr Buttercreme, als auf der Torte landet … Kann man ihnen das verübeln?

MODEZEITSCHRIFTEN

Einhörner lieben modische Outfits und Zeitschriften über die neusten Trends der Haute Couture. Ganz besonders intensiv behalten sie Katy Perrys fantastische Garderobe im Auge.

GEBURTSTAGSPARTYS

In der Einhorn-Welt ist jeder Einhorn-Geburtstag ein nationaler Feiertag. Der Kalender jedes Einhorns ist also voller Geburtstagseinladungen. Glaubst du nicht auch, dass dein Leben mit täglichen Geburtstagsüberraschungen und -torten deutlich magischer wäre?

RAD SCHLAGEN

Ob es sich wohl cool anfühlt, den Körper in die Luft zu schwingen, sodass nur noch das Horn den Boden berührt? Tatsächlich ist so eine Hornspitze so wackelig wie ein Pfennigabsatz. Wenn ihr Gleichgewichtssinn also wenig ausgeprägt ist, neigen Einhörner dazu, Turnen insgesamt aus dem Weg zu gehen.

FUSSBALL

Auch wenn Einhörner nicht supersportlich sind – einige Sportarten mögen sie schon. Aber Fußball gehört definitiv nicht dazu. Ein Kopfball mit einem spitzen Horn genügt, und der Fußball ist schon wieder Schrott.

(FAST ALLE) HÜTE

Filz- und Sonnenhüte, sogar Baseball-Kappen – alle ereilt dasselbe Schicksal: Horn-Durchbruch. Zum Glück gehören Einhörner zu den wenigen Geschöpfen, bei denen Schirmmützen nicht peinlich aussehen. Prinzessinnen- und Partyhüte gehen natürlich auch!

TEXTNACHRICHTEN

Ins Handy tippen gehört neben Aktivitäten wie die Bedienung eines Dosenöffners oder Fadenspiele nicht wirklich zum Alltag eines Einhorns.

ROBOTER

Die Rationalität und die technische Sprache von Robotern passen einfach nicht zu Einhörnern. Hallo!?!, Roboter kommunizieren mit Einsen und Nullen – wo bleibt da der Spaß?

Ich bin magisch!
Gesprächs-sackgasse
Ich bin groß-artig!

NEUTRALE FARBEN UND ERDTÖNE

Vermutlich brauchst du kein Einhorn, um zu wissen, dass neutrale Farben und Erdtöne total langweilig sind. Warum solltest du dich mit Farben wie Taupe oder Khaki umgeben, wenn du den ganzen Regenbogen zur Verfügung hast?

Kapitel 3

EINHÖRNER FINDEN

Wenn du tief in deinem zuckerwatteliebenden Herz hoffst, dass du eines Tages ein wirkliches, echtes Einhorn treffen wirst, aber nicht weißt, wie du es anstellen sollst, ist dieses Kapitel für dich gemacht. Hier findest du wertvolle Tipps, wie du Einhörner finden kannst, und wichtige Erklärungen, wie Einhörner ticken, wenn sie in der Menschenwelt zu Besuch sind. Die wichtigsten Ziele für Einhorn-Liebhaber sind genauso aufgeführt wie beliebte Einhorn-Verstecke.

EINHÖRNER ZU FINDEN, IST LEICHTER, ALS DU GLAUBST

Eine der häufigsten Fragen an meinen Einhorn-Freund Sprinkle lautet: „Warum sind Einhörner so schwer zu finden?" Die Antwort: Sie sind nicht so selten, wie du denkst. Menschen haben nur verlernt, sie zu sehen. Je mehr Zeit du mit Tagträumen, Süßigkeitenessen und Lächeln verbringst, umso leichter wird es dir fallen, sie zu sichten.

SELTENE EINHORN-ARTEN

Die Einhorn-Arten, die du hier siehst, sind äußerst selten. Solltest du jemals eins von ihnen zu Gesicht bekommen, bist du ein Glückskind.

WO BITTE GEHT'S ZUR ... EINHORN-STRASSE?

In Nordamerika kannst du auf eine magische, mystische Einhorn(Unicorn)-Tour gehen und alle diese Orte besuchen. Aber Achtung: Einhorn-Sichtung nicht garantiert!

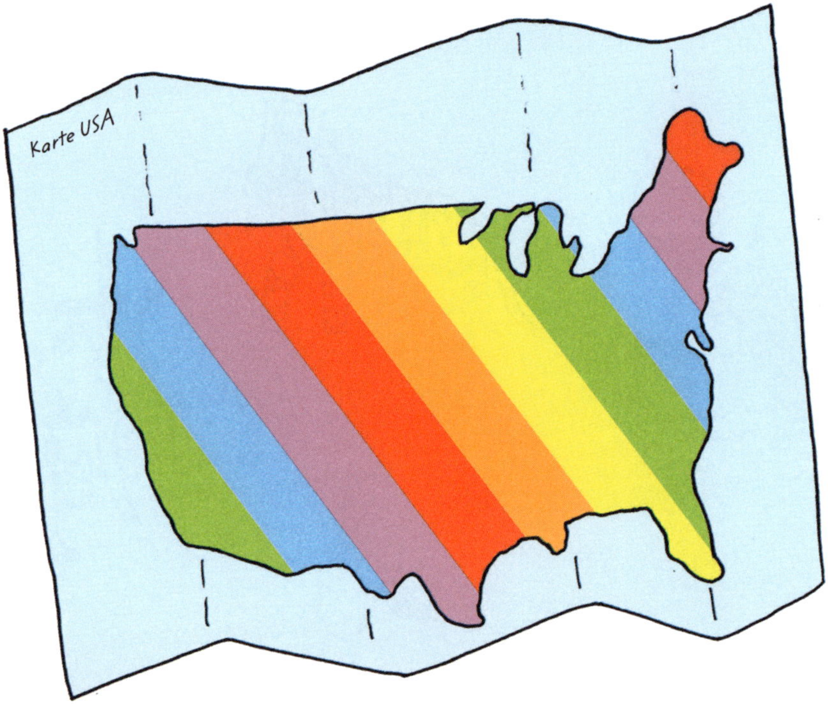

Unicorn Avenue, Madrid, Iowa

Unicorn Avenue, Port Richey, Florida

Unicorn Circle, Amesbury, Massachusetts

Unicorn Circle, Ventura, Kalifornien

Unicorn Circle Northwest, Rio Rancho, New Mexico

Unicorn Drive, Knoxville, Tennessee

Unicorn Drive, Sanborn, New York

Unicorn Farm Road, Asheville, North Carolina

Unicorn Lake Boulevard, Denton, Texas (richtig, ganz in der Nähe des Unicorn Lake)

Unicorn Lane, Zirconia, North Carolina

Unicorn Lane NW, Washington, DC

Unicorn Place, Capitol Heights, Maryland

Unicorn Place, Thomasville, North Carolina

North Unicorn Street, Mead, Washington

Unicorn Street, Las Vegas, Nevada

Unicorn Street, Monsey, New York

Unicorn Street, Newburyport, Massachusetts

Unicorn Street NW, Ramsey, Minnesota

Unicorn Park Drive, Woburn, Massachusetts

Unicorn Way, Clifton, New Jersey

REISEZIELE IN EUROPA UND DER GANZEN WELT

Du bist auf Einhorn-Abenteuer aus?
Dann ist es wichtig, dass du auf allen deinen Reisen weißt, was „Einhorn" in der Landessprache heißt. Hier einige Beispiele:

Englisch: Unicorn

Französisch: Licorne

Spanisch: Unicornio

Niederländisch: Eenhorn

Polnisch: Jednorożec

1. HMS Unicorn, Dundee, Schottland

Diese historische Fregatte mit einer Einhorn-Galionsfigur der britischen Royal Navy ist heute ein Museumsschiff.

* ähnelt nicht dem Original

2. Einhornhöhle, Harz, Deutschland

Bist du im Harz, solltest du dir auf jeden Fall Zeit nehmen, in dieser Höhle der verstorbenen Einhörner zu gedenken. Man sagt, sie sei eine Einhorn-Grabstätte aus alten Zeiten.

3. Einhorn-Wandteppiche, New York City, USA

Im New Yorker Museum Cloisters kann man eine Serie mittelalterlicher Wandteppiche bestaunen, bei denen es um die Einhorn-Jagd geht. Jedes Einhorn wird dir aber bestätigen, dass eine Jagd komplett überflüssig ist, da es ja ausreicht, ihnen Kaugummi und Cupcakes mit Zuckerstreuseln anzubieten, um einen Freund fürs Leben zu gewinnen.

4. Unicorn, Seattle, USA

Für alle, die kreatives Essen und Getränke lieben, lohnt es sich, bei ihrer Reise durch die USA im Unicorn (und der Filiale Narwhal) im Hipsterviertel Capitol Hill in Seattle vorbeizuschauen. Dort stehen zum Beispiel Uni-Corndogs auf der Speisekarte, hihi.

5. Unicorn Café, Bangkok, Thailand

Dieses Café ist von oben bis unten voller Glitzer- und Einhorn-Ausstattung und bietet regenbogenfarbene Köstlichkeiten an. Besuche es zumindest online – du wirst es nicht bereuen!

HALTE DIE AUGEN OFFEN!

Unter dem Hörnchen verbirgt sich ein Horn.

Einhörner können uns Menschen ganz schön auf Trab halten!
Hier findest du nur einige der Orte, wo du Einhörner antreffen kannst.

Eisdielen: Einhörner lieben Eis ... natürlich mit bunten Zuckerstreuseln! Wenn du in einer Eisdiele einem Pony mit einem Waffelhörnchen auf der Stirn begegnest, ist es vermutlich ein Einhorn. Aber psssst ... nicht weitersagen!

Party-Städte in den USA: In Las Vegas oder New Orleans werden häufig Einhörner gesichtet. Das liegt an der „Alles ist möglich"-Atmosphäre dieser Städte mit ihrer Liebe zu Glitzer und Farben und der entsprechenden Mode. Einhörner können sich hier oft unerkannt bewegen.

Prinzessinnen-Partys: Solche Partys bieten Einhörnern unendlich viel, das sie lieben: Prinzessinnen, Basteleien, Spiele, Geburtstagskuchen und jede Menge Pink! Zudem können sie sich unauffällig unter die Gäste mischen, weil die Partyhüte über ihr Horn passen.

Baustellen: Ist dir schon einmal aufgefallen, wie ähnlich Verkehrsleitkegel signalfarbigen Einhorn-Hörnern sehen? Tatsächlich nutzen Einhörner diese, um sich unentdeckt durch die Menschenwelt zu bewegen.

Karussells: Oftmals trifft man Einhörner auf altmodischen Karussells an – sie lieben die Musik! Es ist gut möglich, dass du (oder jemand, den du kennst) schon mal *ohne es zu wissen* bei einer Karussellfahrt auf einem Einhorn gesessen hast.

ZUCKERWATTE!

Zuckerwatte-Stände: Zuckerwatte zieht Einhörner unwiderstehlich an. Wo immer Zuckerwatte verkauft wird, hängen mit großer Wahrscheinlichkeit Einhörner in der Nähe herum: auf Jahrmärkten, Veranstaltungen, Sportevents … halte die Augen offen!

BFF MIT ANDEREN ARTEN

Du möchtest Freundschaft mit Einhörnern schließen? Versuche näher an sie heranzukommen, indem du dich mit ihren Freunden anfreundest:

Drachen: Auch wenn Einhörner großen, Feuer spuckenden Drachen aus dem Weg gehen, lieben sie die kleinen, süßen, freundlichen aus den Kinderbüchern.

Narwale: Nach den angespannten Beziehungen über viele Jahre (siehe nächste Seite) haben sich Narwale und Einhörner wieder angenähert und sind nun beste Freunde. Einhörner und die sogenannten „Einhörner des Meeres“ treffen sich gerne zu Klatsch und Hornikäre.

Sternschnuppen: Zugegeben, es ist nicht leicht, eine Sternschnuppe zu fangen. Gelingt es dir aber und wirst du ihr Freund, folgt eine Einhorn-Freundschaft auf dem Fuße.

Niedliche Haustiere: Einhörner lieben es, niedliche Tiere wie Mops-Welpen, Kätzchen und Baby-Kaninchen zu knuddeln. Soooo süß!

EINHÖRNER UND NARWALE: DIE WAHRE GESCHICHTE

Einhörner und Narwale haben eine jahrhundertealte, schwierige gemeinsame Geschichte. Lange Zeit jagten Menschen Narwale, um ihr Horn als das von Einhörnern zu verkaufen. Wie du dir vorstellen kannst, war das schrecklich für die Narwale und sie straften die Einhörner dafür über Jahrhunderte mit Schweigen. Zum Glück beschlossen sie schließlich, dass es viel konstruktiver wäre, Freundschaft zu schließen – und heute sind sie unzertrennlich.

EINHÖRNER ANLOCKEN

Möchtest du deine Attraktivität für Einhörner stärken, um deine Chance zu erhöhen, einen Einhorn-Freund zu finden und dein Leben zu verändern? Hier findest du Tipps, wie du zu einem regelrechten Einhorn-Magneten wirst!

Schluss mit schlechter Laune! Glaubst du, dass Einhörner Stirnrunzeln, Selfie-Schnuten und das gequälte Gesicht, das du beim Joggen ziehst, attraktiv finden? Nicht wirklich! Ein fröhliches Lächeln, das deine sonnige Haltung zeigt, ist deutlich vielversprechender.

Benutze Einhorn-Schlüsselwörter: Streue Schlüsselwörter wie „Magie", „Regenbogen", „mystisch" und „glitzer-zauberhaft" in jede Unterhaltung ein. Schon nach kurzer Zeit wird sich das ganz natürlich für dich anfühlen.

Viel hilft viel. Insbesondere, wenn es um Glitzer und bunte Zuckerstreusel geht. Leider neigen die Menschen ab dem Alter von sechs Jahren dazu, immer sparsamer damit umzugehen. Ein Fehler. Korrigiere deinen Kurs und verwende diese magischen Substanzen so oft wie möglich.

Knuddle häufiger: Einhörner nehmen proaktive, enthusiastische Kuschler positiv wahr. Denk immer daran: Eines Tages knuddelst du vielleicht ein Einhorn.

Kleiderschrank ausmisten: Schmeiß alles Schwarze, Graue, Braune und Beige raus. Einhörner empfinden diese Farben als langweilig. Graue Schuhe erinnern an Hufe und sind deshalb eine Ausnahme.

Schmücke deinen Schreibtisch mit bunten Accessoires: Gerade beim Arbeiten solltest du den Blick über Regenbogenwelten schweifen lassen können.

Schmücke deine Wohnung mit Einhorn-Dekor: Arrangiere Einhorn-Figuren, -Kissen und sonstige Dekoration gut sichtbar und stolz in deiner Wohnung. Einige findige Einhorn-Fans arbeiten sogar Rentier-Garten-figuren in Einhörner um.

Ich kann und will nicht wider-stehen!

DONUT-SAMEN

Pflanze Donut-Samen in deinen Vorgarten. Wie sollte dort sonst ein Donut-Baum, der Einhörner anzieht, wachsen?

EINHORN-ETIKETTE

Komplimente über die glänzende Mähne sind immer willkommen.

Kommentiere niemals die Horngröße eines Einhorns.

Unterhaltungen über Cupcakes kommen immer gut an.

Ein No-Go: Smalltalk über deine letzte Fastenkur.

Jederzeit kannst du um eine Umarmung bitten.

Frag niemals ein Einhorn, ob es das LETZTE ist.

Teile deine Lieblings-Süßigkeiten mit dem Einhorn.

Sprich nicht darüber, dass du Kuchen OHNE Zuckerguss magst.

Zeig dem Einhorn jederzeit deine Sticker-Sammlung.

Hänge niemals deine Handtasche an das Horn: grob unhöflich!

Bitte das Einhorn um Rat in Modefragen.

Nenne ein Einhorn niemals „Fantasiewesen".

Schlag eine Partie Ringwerfen vor.

Bockspringen mit einem Einhorn ist NIEMALS eine gute Idee.

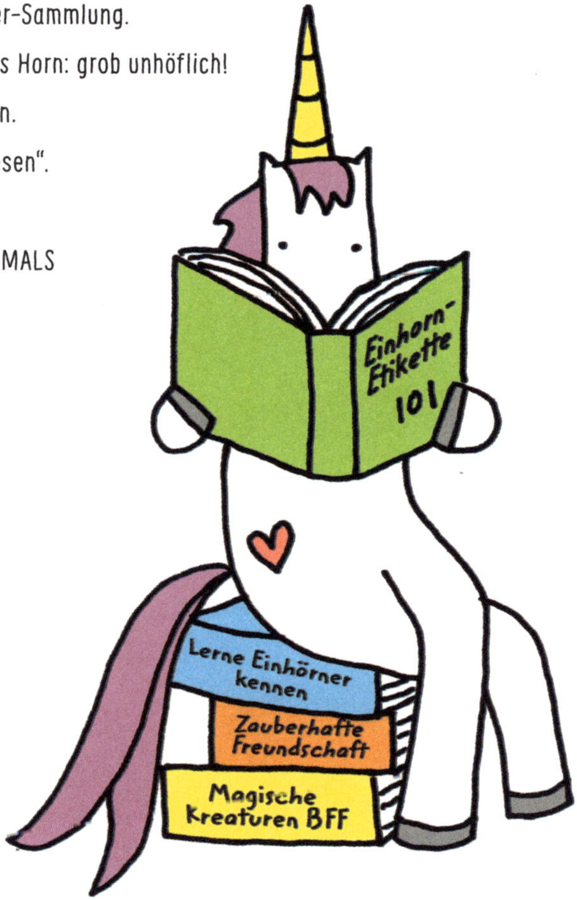

Einhorn-Wortspiele

Einhörner lieben Spaß. Mit diesen lustigen Wortspielen gewinnst du garantiert ihre Aufmerksamkeit. Präge sie dir gut ein!

Wie nennt man ein Einhorn in Partystimmung?

Wohlseinhorn

Wie nennt man ein Einhorn, das aus Hawaii kommt?

Hawaiinhorn

Wie nennen Einhorn-Eltern
zärtlich ihre tanzverrückte Tochter?

Tanzbeinhorn

Wonach fragst du in
amerikanischen Schuhgeschäften,
wenn du solche Pumps kaufen willst?

Nach einem Shoenicorn

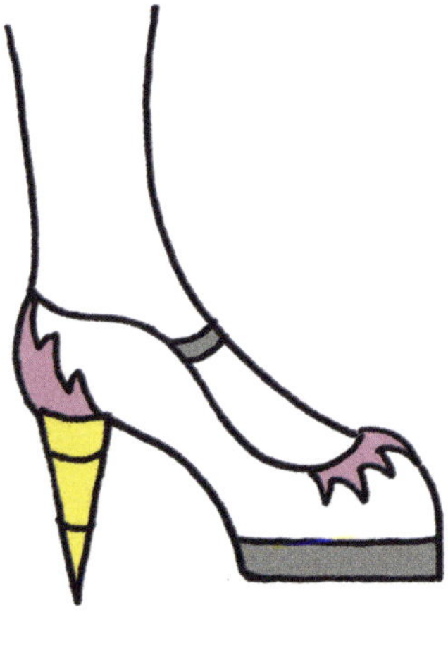

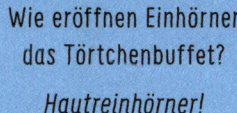

Wie eröffnen Einhörner
das Törtchenbuffet?

Hautreinhörner!

Wie bestellt ein Einhorn
Eis in der Eisdiele?

Einhörnchen Eis bitte.

Was ist besonders wichtig bei der Behandlung von Woll-Einhörnern?

Immer nur mit Feinhorn-waschmittel waschen!

Was leuchtet im Lichterglanz am Christbaum?

Das Scheinhorn

Wie nennt man ein Einhorn
bei der Verbrechensbekämpfung?

Polizeinhorn

Manchmal haben Einhörner
regelrechte Lachflashs.
Was sagst du dann?

Krieg dich wieder ein, Horn!

Ha-
haha
Haut sich aufs
Knie vor Lachen

Was sagt ein Einhorn, wenn es niest? „Hooooornchi!“
Im englischsprachigen Raum wird ein „Bless younicorn!“
als Entgegnung erwartet.

Was hat dieser bayrische
Schwertwal mit einem
kanadischen Baum gemeinsam?

Ahorn

Wie verabschiedest du dich von
einem befreundeten Einhorn?

Du rufst ihm „Goodbyeinhorn!“ hinterher.
Auch „See you Soonicorn!“ hört man häufig.

Die Einhorn-Lebensmittel-Pyramide

KAPITEL 4

WAS EINHÖRNER AM LIEBSTEN ESSEN

Anders als Menschen brauchen Einhörner, um gesund zu bleiben, keine ausgewogene Mischung von Proteinen, Kohlenhydraten, gesunden Fetten und anderen langweiligen Dingen in ihrer Ernährung. Am wichtigsten für die tägliche Ernährung ist und bleibt Zuckerwatte, begleitet von Kuchen, Eis und einem Stück Pizza oder einer Süßigkeit auf der Grundlage von Obst oder Gemüse. Auf den nächsten Seiten findest du eine Zusammenfassung der Einhorn-Esskultur sowie eine Zusammenstellung von Einhorn-geprüften Rezepten zum Nachmachen.

EINHORN-FOOD-TREND

Seit ein paar Jahren gibt es den phänomenalen Trend zu Einhorn-Food in Cafés und Restaurants. Es begann mit Regenbogen-Kuchen und Einhorn-Keksen und hat sich mittlerweile zu einem weltweiten Phänomen ausgeweitet. Ganze Einhorn-Menüs werden angeboten, Regenbogen- und Einhorn-Eis, Pfannkuchen, Bagels und sogar – ob du es glaubst oder nicht – Sushi.

Was du auf den nächsten Seiten findest, ist durch die Einhorn-Ernährung inspiriert, aber für den menschlichen Verzehr geeignet. Was ein Gericht zu Einhorn-Food macht, ist unterschiedlich: Mal ist es tatsächlich mit einem Einhorn dekoriert, mal greift es eine Variation des Regenbogen-Themas auf, mal ist es mit Streuseln verziert. Du bist, was du isst: also SÜÜÜÜÜÜß!

EINHORN-TOAST

Für 1 Portion

ZUTATEN:

1 Scheibe Toast

1–2 Esslöffel Frischkäse

rote, orange, gelbe, grüne, blaue und lila Lebensmittelfarbe

Zuckerstreusel (wenn gewünscht)

1. Lege den Toast auf einen Teller. Verteile den Frischkäse dick auf das obere Drittel der Toastscheibe.

2. Trage nebeneinander je einen Tropfen Lebensmittelfarbe auf dem Frischkäse auf.

3. Verstreiche nun mit einem Tafelmesser je eine Farbe mit Frischkäse nach unten über die freien zwei Drittel der Toastscheibe. Du musst das Messer nach jeder Farbe sauber machen, sonst ergibt sich eine unschöne Farben-Mischung.

4. Streue, wenn du magst, noch Streusel darüber!

REGENBOGEN-WÜRFELZUCKER

Zuckerwürfel sind als Grundlage zu empfehlen, wenn du wie ein Einhorn essen, trinken und denken willst. Indem du sie in verschiedenen Farben einfärbst, werden sie viel magischer! Einhörner naschen sie einfach so, du kannst aber auch deinen Einhorn-Latte damit süßen.

Zubereitungszeit:
10 Minuten, plus mehrere Stunden zum Aushärten

Reicht für ca. 24 Stückchen (je entsprechend 1 Teelöffel)

ZUTATEN:

120 g Zucker

1 Teelöffel Wasser

verschiedene flüssige Lebensmittelfarben

Silikonform für Pralinen oder Eiswürfel mit kleinen Vertiefungen (in beliebigen Formen)

Tipp: Flexible Silikonformen mit kleinen, in unterschiedlichen Motiven ausgestalteten Vertiefungen sind für dieses Rezept ideal, da sich der Zucker in perfekter Form gut daraus lösen lässt. Aber auch Plastikformen (z. B. für kleine Eiswürfel) sind verwendbar.

1. Fülle den Zucker in eine große Rührschüssel und füge das Wasser hinzu. Verrühre die Mischung gründlich mit einer Gabel.

2. Verteile die Masse auf so viele Schüsselchen, wie du Lebensmittelfarbe hast. Füge in jedes 1 bis 2 Tropfen Farbe hinzu und verrühre Zucker und Farbe.

3. Fülle je einen Teelöffel der Zuckermasse in eine Vertiefung der Form (einen Löffel in derselben Farbe oder für Multicolor-Stückchen kleinere Mengen von unterschiedlichen Farben). Presse den Zucker fest in die Form.

4. Lass die Formen bei Zimmertemperatur mehrere Stunden oder über Nacht zum Aushärten stehen. Du kannst sie mit einem Tuch abdecken, aber nicht luftdicht verschließen.

5. Drücke die Zuckerstückchen aus der Form. Sie sollten sich leicht lösen.

6. Bewahre deine fertigen Zuckerstückchen in nicht luftdichten Behältnissen auf (z. B. Papiertüte oder Zuckerdose) – sie sind mehrere Monate haltbar.

Regenbogen-Streusel-Marshmallows

Wusstest du, dass „Marshmallow" einer der häufigsten Einhorn-Namen ist – wie z. B. Emma oder Paul bei uns? Das könnte damit zu tun haben, dass Marshmallows ein unverzichtbarer Bestandteil der Einhorn-Ernährung sind ... Die perfekten kleinen süßen Kissen schmecken am besten mit Zuckerstreuseln in allen Farben des Regenbogens.

Tipp: Wenn du den Geschmack von Ahornsirup nicht magst, kannst du ihn im Rezept durch Honig oder hellen Zuckerrübensirup ersetzen. Wenn du Zuckersirup verwendest, füge dem Rezept ein paar Tropfen flüssiges Vanillearoma hinzu.

Zubereitungszeit:
30 Minuten,
plus ca. 3 Stunden Ruhezeit

Ergibt ca. 32 Marshmallows

ZUTATEN:

235 ml Wasser in Zimmertemperatur

3 Päckchen gemahlene weiße Gelatine

450 g Zucker

115 ml Ahornsirup

½ Teelöffel Salz

ca. 200 g bunte Zuckerstreusel

ca. 250 g Puderzucker

1. Fette eine Auflauf- oder Backform von ca. 20 x 20 cm und ein Stück Backpapier (etwas größer als die Form) von einer Seite. Lege das Papier zur Seite.

2. Fülle die Hälfte des Wassers in eine Rührschüssel. Lass die Gelatine langsam und vorsichtig auf die gesamte Wasseroberfläche einrieseln. Nicht rühren. Setze in deinem Rührgerät die Quirle ein.

3. Fülle das restliche Wasser, Zucker, Ahornsirup und Salz in einen mittelgroßen Kochtopf. Erhitze die Masse unter ständigem Rühren bei mittlerer Hitze. Lass sie eine Minute aufkochen und nimm sie dann von der Herdplatte.

4. Verrühre die mittlerweile aufgequollene Wasser-Gelatine-Mischung gründlich auf niedriger Stufe mit dem Rührgerät. Gib auf weiterhin niedriger Stufe vorsichtig die heiße Zuckermasse dazu.

5. Wenn sich die Zutaten vermischt haben, schalte das Rührgerät hoch und rühre auf höchster Stufe 10 Minuten oder so lange, bis die Masse dick geworden ist und sich ungefähr verdoppelt hat. Hebe nun vorsichtig die Streusel unter.

Weiter geht's auf der nächsten Seite >>>

6. Jetzt muss es schnell gehen, da die Masse, sobald du aufhörst zu rühren, sehr schnell aushärtet. Fülle die dicke, klebrige Masse bis zum Rand (aber nicht darüber!) in deine bereitstehende Backform.

7. Lege das Backpapier mit der gefetteten Seite auf die Oberfläche der Masse und streiche sie mit den Händen vorsichtig glatt.

8. Jetzt müssen die Marshmallows mit dem Backpapier als Abdeckung für mindestens 3 Stunden ruhen.

9. Bestreue deine Arbeitsfläche großzügig mit Puderzucker. Löse mit einem Messer die Marshmallowmasse vom Rand der Backform und stürze sie auf den Puderzucker. Bestäube die Oberfläche ebenfalls mit reichlich Puderzucker.

10. Schneide die Marshmallowplatte in Rechtecke, indem du vier Reihen schneidest und jede Reihe wiederum in 8 Stücke zerteilst. So erhältst du 32 rechteckige Marshmallows. Bestäube die Schnittkanten auch mit Puderzucker. (Du kannst natürlich andere Formen mit dem Messer oder kleinen Ausstechformen ausschneiden.)
Wichtig: Bestäube das Messer bzw. die Ausstechform vor dem Schneiden beidseitig mit Puderzucker.

11. Bewahre die Marshmallows in einem dicht verschlossenen Gefäß lagenweise getrennt durch Backpapier bis zu 2 Wochen auf.

KÖSTLICHE REGENBOGEN-PLÄTZCHEN

Stell dir folgende Situation vor: Dein erstes Freundschafts-Date mit einem Einhorn steht kurz bevor und du möchtest unbedingt einen guten Eindruck hinterlassen. Mit diesen Plätzchen im Vorrat ist das gar kein Problem. Du brauchst nur wenige Zutaten und keine große Backerfahrung. Das Ergebnis ist genauso schön wie lecker!

Zubereitungszeit: 2 Stunden und 15 Minuten (inklusive Ruhezeit für den Teig)

Backzeit: 7–9 Minuten

**Rezept für ca.
60 kleine Plätzchen**

ZUTATEN:

250 g Weizenmehl Type 405

½ Teelöffel Salz

230 g weiche Butter

120 g Puderzucker, gesiebt

ein paar Tropfen Vanillearoma

rote, orange, gelbe, grüne, blaue und lila Lebensmittelfarbe

1. Siebe Mehl und Salz in eine mittelgroße Rührschüssel und stelle sie zur Seite.

2. In einer zweiten Schüssel verrühre die weiche Butter mit dem Knethaken des Rührgeräts auf mittlerer Stufe für 2–3 Minuten. Gib in mehreren Portionen bei niedriger Stufe langsam den Puderzucker hinzu und rühre, bis Zucker und Butter sich verbunden haben. Träufle nun das Vanillearoma hinzu.

3. Füge in 2 bis 3 Portionen das Mehl hinzu und rühre auf kleiner Stufe weiter. Mit einem Silikonspatel kannst du den weichen Teig nach unten schieben.

4. Teile den Teig in 6 gleiche Portionen und färbe sie jeweils mit der Lebensmittelfarbe ein. Sei nicht zu sparsam mit der Farbe, im Ofen verblasst sie ein wenig. Bei diesem Schritt solltest du Handschuhe tragen, um Verfärbungen der Hände zu vermeiden.

5. Teile jede farbige Portion in 4 gleiche Teile (du erhältst 24 Teigportionen, 4 von jeder der 6 Farben). Rolle jede Portion zu einem ca. 15 cm langen Strang.

Weiter geht's auf der nächsten Seite >>>

6. Jetzt setzt du den Regenbogen zusammen. Nimm von jeder Farbe einen Strang und drücke alle 6 fest zu einem dicken Regenbogenstrang zusammen. Drücke und rolle diesen zusammengesetzten Teigstrang auf ca. 20 cm Länge. Verfahre genauso mit den restlichen Teigportionen, sodass am Schluss 4 regenbogenfarbige Teigstränge vor dir liegen.

7. Lass die Stränge, einzeln in Plastikfolie gewickelt, mindestens 2 Stunden (oder über Nacht) im Kühlschrank ruhen.

8. Nimm den Teig aus dem Kühlschrank, damit er etwas weicher werden kann. Heize den Ofen auf 175 °C (Umluft) vor und lege 2 Backbleche mit Backpapier aus.

9. Schneide jede Teigrolle in ca. 15 fingerdicke Scheiben. Ist der Teig noch zu hart zum Schneiden, warte noch ein paar Minuten, bevor du anfängst.

10. Lege die Teigscheiben auf die vorbereiteten Backbleche. Da sie beim Backen nicht stark auseinanderlaufen, kannst du sie ziemlich dicht nebeneinandersetzen.

11. Backe die Plätzchen 7–9 Minuten, bis sie seitlich und an der Unterfläche leicht gebräunt sind. Lass sie nach dem Herausnehmen aus dem Ofen noch kurz auf dem Blech, bevor du sie zum Abkühlen auf einen Rost legst.

12. Bewahre die Plätzchen in einem luftdicht geschlossenen Behälter bis zu einer Woche lang bei Zimmertemperatur auf. Du kannst sie auch einfrieren.

WAS EINHÖRNER NICHT MÖGEN

Kekse mit Rosinen

Besser keine Vertrauensprobleme schaffen ... Wie für viele Menschen, ist es auch für Einhörner traumatisierend, in einen Keks zu beißen und zu merken, dass das, was sie für leckere Schokostückchen gehalten haben, einfach nur Rosinen sind. Eine schmerzvolle Erfahrung!

„Warum tut man so was?", fragen sie dann.

Einhörner, ihr habt unser vollstes Verständnis.

Schokostreusel

Einhörner lieben Schokolade und sie lieben Zuckerstreusel. Aber – es muss einfach mal gesagt werden – Schokostreusel sind hässlich. Es ist Einhörnern ein komplettes Rätsel, warum in einer Welt, die bunte Zuckerstreusel kennt, irgendjemand zu Schokostreuseln greift.

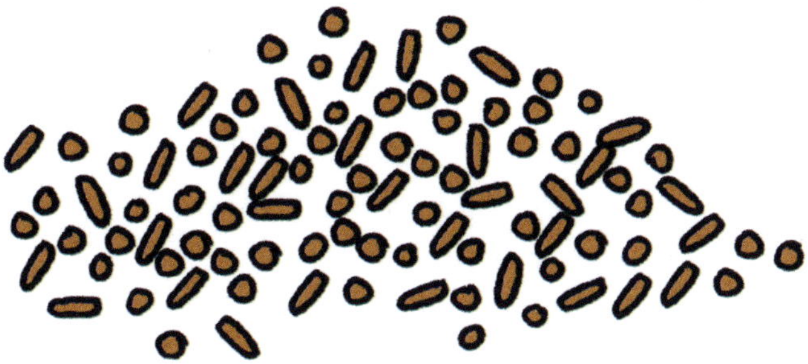

ESSBARER GLITZER

Lass dein Essen schimmern – mit essbarem Glitzer! Mit diesem ganz einfachen Rezept verwandelst du Gelatine, Wasser und Lebensmittelfarbe in ein glitzerndes Topping für Lebensmittel. Es bedarf ein bisschen Ruhezeit. Deshalb musst du einen Tag, bevor du Plätzchen, Kuchen oder Pizza (hä?!) damit garnieren willst, zur Tat schreiten.

Zubereitungszeit:
20 Minuten plus einige Stunden zum Aushärten

Ergibt ca. 2–3 Esslöffel Glitzer (das klingt nach wenig, ist für Glitzer aber eine ganze Menge)

ZUTATEN:

4 Esslöffel Wasser

1 Päckchen gemahlene weiße Gelatine

Metallic-Lebensmittelfarbe in Pulver- oder Gelform

WICHTIG:

eine nichthaftende Arbeitsfläche (Silikonmatten sind am besten, aber Backpapier geht auch)

1. Lege die Silikonmatte oder das Backpapier auf ein Backblech mit Rand.

2. Fülle 1 Esslöffel Wasser in eine mittelgroße Schüssel und verstreue die Gelatine gleichmäßig darauf. Verrühre Wasser und Gelatine mit einem kleinen Schneebesen (keine Sorge, wenn es ein bisschen klumpig aussieht).

3. Erhitze die restlichen 3 Esslöffel Wasser in einem Topf, bis es kocht. So eine kleine Menge Flüssigkeit lässt sich auch gut in einem nichtmetallischen Gefäß in der Mikrowelle aufkochen.

4. Gieße vorsichtig das heiße Wasser auf das kalte mit der Gelatine und rühre mit dem Schneebesen. Wenn sich die Gelatine aufgelöst hat, gib die Metallic-Lebensmittelfarbe zu und verrühre sie vollständig.

5. Lass die Masse ruhen, bis sie zu verdicken beginnt und sehr langsam und dickflüssig vom Schneebesen fließt, wenn du ihn anhebst.

6. Mit einem Backpinsel oder Silikonspatel streichst du nun die Gelatinemasse auf deine Silikonmatte oder das Backpapier. Wenn sich darauf Perlen bilden oder sich die Masse nicht gut verteilen lässt, warte noch 1 Minute. Zum richtigen Zeitpunkt kannst du es als dünne Schicht mit nur wenigen Löchern auftragen. Aber keine Sorge, wenn du Unebenheiten oder kleine Bläschen hast – du wirst die Schicht ohnehin zu Glitzer zermahlen.

7. Jetzt muss die Schicht richtig fest aushärten, denn du willst sie später zermahlen. Das braucht einige Stunden oder sogar eine ganze Nacht, je nachdem, wie viel Luftfeuchtigkeit im Raum ist.

8. Schneide die ausgehärtete Schicht erst mit der Küchenschere in kleine Schnipsel und zermahle sie dann mit dem Pürierstab oder im Standmixer zu einem feinen Pulver. Bis zu 6 Monaten kannst du den Glitzer in einem Schraubglas aufbewahren. Streu ihn auf alles!

CUPCAKES – DIE WAHRE GESCHICHTE

Willst du wissen, wie es zur Erfindung von Cupcakes kam?
Hier kommt die wahre Geschichte,
wie Einhörner sie erzählen.

Es war einmal …
Ich wünschte …
Süßer, aber irgendwie hässlicher kleiner Muffin

Sekunden später …
Kleiner Ausritt gefällig?

und auf diesem Ausritt ...

EINHORN-DONUTS

Donut worry, eat happy! Mit diesem Rezept feierst du Einhörner und eines ihrer Lieblingsessen. Verziere deine Donuts in Einhorn-Manier mit dieser einfachen Anleitung!

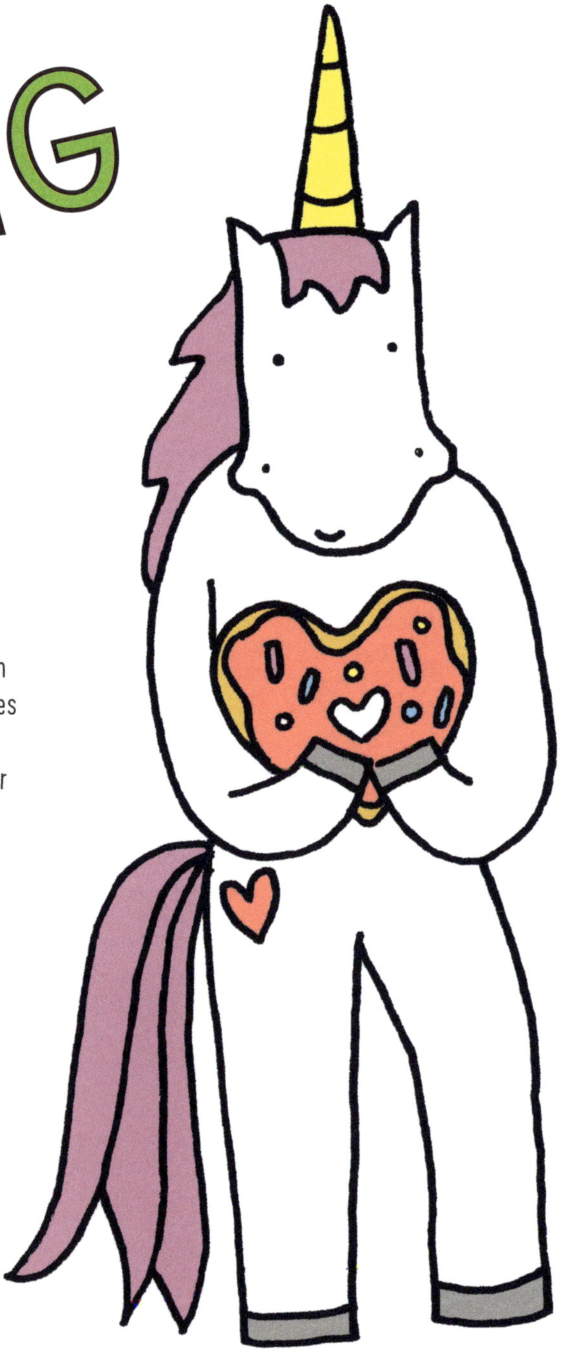

Zubereitung:
30 Minuten

Ergibt 6 Donuts

ZUTATEN:

6 einfache Donuts

30 g Kokosraspeln

rote, blaue und gelbe Lebensmittelfarbe

170 g weiße Schokolade, in kleine Stückchen gehackt

60 ml Vollmilch

85 g Puderzucker

6 x Schaumzucker-Erdbeeren

bunte Zuckerstreusel

schwarze Zuckerschrift

1. Stelle einen Gitterrost auf ein Stück Backpapier, um Tropfen aufzufangen. Lege die unverzierten Donuts bereit.

2. Fülle die Kokosraspeln in eine Gefriertüte aus Plastik und gib ein paar Tropfen rote und blaue Lebensmittelfarbe hinzu. Schüttle die Raspeln, bis sie hübsch lila sind.

3. Jetzt kommt die Glasur. Erhitze die Schokolade mit der Milch in einem Topf im Wasserbad bei mittlerer Hitze, bis sie fast vollständig geschmolzen ist. Nimm den Topf vom Herd und rühre, bis die letzten Stückchen verschwunden sind. Lass die Masse ruhen, bis sie sich leicht verdickt, dann rühre den Puderzucker unter, sodass sich eine dickflüssige Glasur ergibt.

4. Stelle eine kleine Menge der Glasur in einem separaten Schüsselchen zur Seite und färbe sie mit einigen Tropfen Lebensmittelfarbe gelb.

5. Jetzt spießt du für die Hörner je eine Schaumzucker-Erdbeere auf einen Zahnstocher und tunkst sie (mehrfach und zwischendurch trocknen lassen) in die gelbe Glasur, bis sie vollkommen gelb ist. Zum Trocknen kannst du die Hörner in einen Extra-Donut stecken oder auf Backpapier legen.

Weiter geht's auf der nächsten Seite >>>

6. Zurück zur Donuts-Glasur: Tunke einen nach dem anderen in die weiße Masse, sodass auf der oberen Hälfte eine gleichmäßige Glasur entsteht. Ist die Glasur noch zu flüssig, lass sie noch einen Moment fester werden, bevor du weitermachst. Lass die Donuts auf dem Rost trocknen. Lücken in der Glasur kannst du mit einen Löffel korrigieren.

7. Beginne mit der Verzierung, wenn die Glasur noch nicht ganz fest ist, und streue auf den hinteren Teil einige bunte Zuckerstreusel – so sieht der Donut festlicher aus.

8. Suche dir die Stelle vorne aus, wo das Horn hinkommen soll, und trage vorsichtig einen kleinen Haufen der lila Kokosraspeln (Mähne!) dort auf. Darunter muss noch Platz für das Gesicht bleiben.

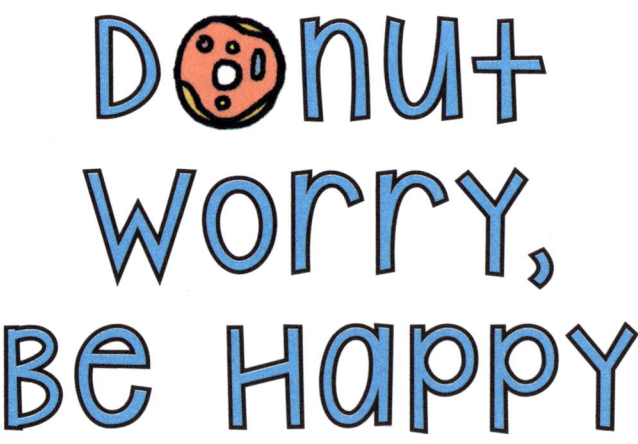

Donut worry, be happy

9. Setze nun das getrocknete Horn (erst den Zahnstocher entfernen!) auf den Kokosraspelklecks und drücke es leicht an. Vielleicht musst du ein bisschen mehr Glasur hinzufügen oder vorsichtig verschieben, damit das Horn hält. Unschöne Stellen deckst du einfach mit ein bisschen Kokosraspel oder Glasur ab.

10. Wenn die Glasur getrocknet ist, malst du mit der schwarzen Zuckerschrift zwei kleine Bögen mit Wimpernstrichen (geschlossene Augen) auf und in die Mitte darunter zwei Pünktchen für die Nüstern. Dein Einhorn ist soooooo süß!

11. Gut eingewickelt (nicht stapeln!) kannst du die Donuts bei Zimmertemperatur bis zu 2 Tage aufbewahren.

Ich zeig dir den Weg!

Kapitel 5

WIE DU MEHR EINHORN IN DEIN LEBEN BRINGST

Jetzt kennst du dich schon ziemlich gut mit Einhörnern aus. Zeit, den nächsten Schritt zu wagen! Deshalb findest du in diesem Kapitel viele Aktivitäten, Tipps und Tricks, um dein Leben ein(horn) bisschen magischer zu gestalten.

DENKE WIE EIN EINHORN

Der erste Schritt ist, dein inneres Einhorn zu finden. Das ist leichter getan, als es klingt. Frag dich einfach: Was würde ein Einhorn jetzt tun?

Diese simple Frage passt zu jeder Situation. Sollst du deine Mutter anrufen? Würdest du gerne noch einen Nachtisch bestellen? Sollst du heute freinehmen und dir eine Massage und neue Schuhe gönnen? Tief in dir drin kennst du die Antwort, die ein Einhorn geben würde.

ZELEBRIERE DIE 80ER- UND 90ER-JAHRE

Öffne dein Herz für das Lebensgefühl der 1980er- und 1990er-Jahre. Der einfachste Weg? Einhörner sind von den vielen Fernsehserien und Filmen dieser schillernden Jahrzehnte besessen. Mach es wie sie!

Filme der 80er-Jahre

Man kann gar nicht genug betonen, wie sehr Einhörner 80er-Jahre-Filme lieben. Mit ihren monumentalen Bildwelten, der unglaublichen Mode, den fantastischen Soundtracks versetzen sie Einhörner immer in eine großartige Stimmung.

TV-Serien der 90er-Jahre

Während sie die Filme der 80er-Jahre lieben, sind sich Einhörner einig, dass die 90er-Jahre die besten Fernsehserien hervorgebracht haben. Von *Clarissa* über *Pete & Pete* und gar nicht zu reden von *California High School* – für Einhörner ist das das Goldene Zeitalter des Fernsehens.

EINHORN-NAMENSGENERATOR

Um zu deinen neuen Einhorn-Freunden zu passen, solltest du dir einen offiziellen Einhorn-Namen zulegen. Keine Idee? Kein Problem! Dieser Einhorn-Namensgenerator hilft dir einen 1a-Spitznamen zu finden.

EINHORN-NAMENSGENERATOR

SCHRITT 1: DEIN GEBURTSMONAT

JANUAR	FEBRUAR	MÄRZ	APRIL
Glimmer	Konfetti	Zauber	Funkel
MAI	**JUNI**	**JULI**	**AUGUST**
Glanz	Kicher	Regenbogen	Traum
SEPTEMBER	**OKTOBER**	**NOVEMBER**	**DEZEMBER**
Wunder	Schimmer	Glitzer	Party

SCHRITT 2: DEIN GEBURTSTAG

1.	2.	3.	4.
Bonbon	Toffee	Milchshake	Schmuser
5.	6.	7.	8.
Schatz	Butterblume	Cookie	Törtchen
9.	10.	11.	12.
Makrönchen	Kuss	Häschen	Streusel
13.	14.	15.	16.
Cupcake	Kaugummi	Zucker	Mondschein
17.	18.	19.	20.
Sternenlicht	Pompom	Praline	Muffin
21.	22.	23.	24.
Blüte	Hörnchen	Marshmallow	Sonnenstrahl
25.	26.	27.	28.
Flocke	Mini	Sonnenschein	Blubber
29.	30.	31.	
Zuckerwatte	Pummelchen	Nugget	

Zack! Schon hast du einen super Einhorn-Namen

SCHMEISS EINE EINHORN-PARTY!

Einhörner lassen keine Gelegenheit aus zu feiern. Da bieten sich natürlich Geburtstage an, aber selbst kleine Anlässe (wie der Kauf eines Päckchens Zuckerstreusel) können ein Grund zum Feiern sein. Es ist ganz einfach, in der Menschenwelt wie ein Einhorn zu feiern, wenn du die folgenden Tipps befolgst.

Kleiderordnung: Wirklich verpflichtend ist nur ein Horn. Stelle gegebenenfalls Bastelmaterial zur Verfügung, damit sich deine Gäste eins selber machen können.

Begrüßung: Jeder deiner Gäste erhält einen Einhorn-Namen. Benutze dazu den praktischen Namensgenerator.

Essen: Du hast drei Gruppen von Gerichten, die du beliebig auswählen und kombinieren kannst:

- ♥ Alles, was süß ist (Rezepte z.B. hier im Buch)
- ♥ Alles, was regenbogenfarbig ist (süß oder herzhaft)
- ♥ Essen mit „Einhorn“ im Namen (z.B. Waffel-Einhörnchen, Schinken-Käse-Einhörnchen)

Getränke: Auf jeden Fall etwas Festliches wie Rosé-Sekt oder pinke Limonade; die Getränke kannst du mit Zuckerwatte garnieren. Lecker!

Dekoration: Funkelnde Lichter, Krepppapier, alles Glänzende und natürlich Glitzer und Glimmer. Auch wenn sie eigentlich Gewalt ablehnen, lieben Einhörner mit bunten Süßigkeiten gefüllte Piñatas.

Musik: Stelle eine zauberhafte Playlist zusammen.

Spiele: Du kannst dir Aktivitäten aus diesem Teil des Buches heraussuchen. Außerdem kommen Ringwerfen und das Reise-nach-Jerusalem-Spiel „Ein Horn bleibt übrig“ immer gut an.

Party time!
Horn-Bastelstation

EINHORN-PLAYLIST

Tanze wie ein Einhorn! Mit diesen Songs bekommst du auf deiner Party alle deine Gäste auf die Tanzfläche. Also: Schwingt die Hufe!

„I Want Candy" von Bow Wow Wow

„Do You Believe in Magic?" von The Lovin' Spoonful

„Sugar Sugar" von The Archies

„Tutti Frutti" von Little Richard

„Sunshine, Lollipops and Rainbows" von Lesley Gore

„Good Day Sunshine" von The Beatles

„Fantasy" von Mariah Carey

„Cotton Candy Land" von Elvis Presley

„Daydream Believer" von The Monkees

„MMMBop" von Hanson

„Lollipop" von The Chordettes

„Candy" von Iggy Pop

„She's a Rainbow" von The Rolling Stones

„Puff, the Magic Dragon" von Peter, Paul & Mary

„Who Loves the Sun?" von The Velvet Underground

„Heaven Is a Place on Earth" von Belinda Carlisle

„Barbie Girl" von Aqua

SOUNDTRACK-FUN!

Soundtracks von Filmen wie *Der Zauberer von Oz*, *Dirty Dancing* oder jedem Prinzessinnenfilm, der dir einfällt, sind auch immer eine gute Wahl für Einhorn-Partys.

EINHÖRNER IN FILMEN

Manchmal brauchst du einfach eine Filmnacht mit echtem „Da-ist-Einhorn-drin-Feeling"? Such dir einen dieser Filme aus und warte auf das Einhorn. Es kommt bestimmt!

Blade Runner (Hättest du nicht gedacht?)

Fantasia von Walt Disney (alt und neu)

Harry Potter und der Stein der Weisen

Das letzte Einhorn

Legend

Die Chroniken von Narnia: Der König von Narnia

Das kleine Einhorn

Das Geheimnis der Mondprinzessin

Unico – Das phantastische Abenteuer eines Hörnchens

EIN HORN SELBER MACHEN

Egal welches Einhorn du fragst, es wird dir dringend dazu raten, dir für ein einhornigeres Lebensgefühl ein Einhorn-Horn zu basteln. Folge einfach diesem DIY-Tutorial – was du brauchst, ist nicht viel, und du kannst Glimmer und Glitzer hinzufügen, so viel du willst.

Für ein Horn brauchst du:

1 Blatt Glitzer-Moosgummi, selbstklebend, 20 x 29 cm

Schere

Heißklebepistole

Plastikhaarreif

Pailletten, Glitzer, Bänder und anderes Dekor deiner Wahl

1. Schneide dein Moosgummiblatt an der langen Seite in der Hälfte durch (du erhältst zwei Blätter à 20 x 14,5 cm; eins kannst du zur Seite legen und für andere Dekozwecke benutzen.)

2. Übe zunächst ohne Abziehen der Schutzfolie ein Horn zu rollen. Beginne damit immer an einer schmalen Seite. Ziehe jetzt das Schutzblatt von der Klebeseite und rolle das Blatt in Hornform.

3. Schneide das Horn an der Unterseite gerade.

4. Halte das Horn auf deinen Haarreif, um die Stelle festzulegen, wo du Kleber auftragen musst. Klebe das Horn mit der Heißklebepistole dort fest. Du kannst, um das Horn zusätzlich zu sichern, aus dem Rest Moosgummi ein Stück etwas größer als die Hornbasis ausschneiden und von unten gegen den Haarreif unter das Horn kleben.

5. Jetzt geht's ans Verzieren. Mithilfe der Klebepistole kannst du dich mit Glimmer, Glitzer & Co. austoben. Vorsicht, heiß: Kleber auskühlen lassen, bevor du dein Horn aufziehst!

SCHREIBE (DEINE EIGENE) EINHORN-GESCHICHTE

Schreibe deine eigene Einhorn-Geschichte mit diesem lustigen Lückentext-Spiel. Das macht nicht nur alleine Spaß, sonders besonders in Gruppen, z.B. auf Partys – echt Einhorn-erprobt.

Schreibe je einmal auf:

1. Adjektiv
2. Einhorn-Namen (weiblich)
3. Adjektiv
4. Pop-Song
5. Kleidungsstück
6. Frisur
7. denselben Einhorn-Namen
8. Lebewesen im Plural
9. Ausruf!!
10. Adjektiv
11. Zahl
12. Nomen
13. Einhorn-Namen (männlich)
14. Emotion
15. Lieblingsspiel
16. Tageszeit
17. Nomen im Plural
18. Adjektiv
19. Adjektiv
20. Emotion

Die Einhorn-Party

OMG, war das ein (1) Vergnügen am Special Day von (2), dem Einhorn. Es war ihr Geburtstag und sie sah (3) aus. Sie machte sich in ihrem Zimmer für ihre Party fertig, sang (4) und ihr Lieblings-(5) lag schon bereit. Ihre beste Freundin half ihr beim Stylen der Mähne. Sie hatte sich entschieden, heute (6) zu tragen. Party!!! Als (7) den Partyraum betrat, begrüßte eine große Gruppe (8) sie laut jubelnd mit „(9)" und überraschte sie mit einem (10) Berg von (11) Geschenken. Ihr Lieblingsgeschenk war ein/e (12) von ihrem geheimen Schwarm (13). Sie fühlte sich so (14). Nach dem Auspacken der Geschenke spielten sie eine Runde (15), tanzten bis (16). Der Kuchen war mit (17) verziert und sah absolut (18) aus. Der Geburtstag war einfach (19). Noch beim Einschlafen dachte sie: „Ich fühle mich einfach (20)!"

BRIEFE SCHREIBEN WIE EIN EINHORN

Einhörner haben eine ganz eigene Art, Briefe zu versenden: Sie flüstern Botschaften in Regenbogenstrahlen und wünschen sie zu ihren Freunden, die dann nicht nur durch einen Regenbogen überrascht werden, sondern auch durch eine Glücksnachricht. Bedauerlicherweise verfügen wir Menschen nicht über diese Fähigkeit. Aber wir können die Idee ein bisschen abwandeln und einem Freund Glücks- und Regenbogengefühle schicken, indem wir Luftballons mit kleinen Botschaften und Geschenken füllen. Dem Empfänger beschert das garantiert einen zauberhaften Tag. Und so geht's:

DU BRAUCHST:

Zettelchen und/oder kleine Geschenke, die in die Luftballons passen

mehrere Luftballons in Regenbogenfarben

Karton zum Verschicken

Seidenpapier und Verpackungsmaterial

Liebe

1. Beschrifte die Zettelchen und lege die Geschenke bereit. Gut geeignet sind Gummibärchen-Tütchen, Bonbons, kleine Lutscher, Murmeln und andere liebevolle kleine Geschenke.

2. Stecke die Nachrichten und Geschenke in die „leeren" Ballons – ein oder zwei Kleinigkeiten pro Ballon sind ausreichend. Die Zettelchen kannst du aufrollen, um sie hineinzubekommen.

3. Blase die Ballons auf, und zwar ungefähr auf das Maß eines großen Apfels, und verschließe sie.

4. Wenn du ein paar Ballons zusammen hast, lege sie in einen mit Seidenpapier ausgelegten Karton. Polstere die Ballons oben und seitlich noch mit Verpackungsmaterial.

5. Paketaufkleber mit Adresse und Absender drauf – und ab geht die Post. Sorge für eine schnelle Versandmethode, da die Ballons Luft verlieren können, wenn sie zu lange unterwegs sind. Und das würde zu langen Gesichtern führen!

SO ZEICHNEST DU EIN EINHORN IN 8 LEICHTEN SCHRITTEN

Mit dieser Anleitung lernst du, ein zauberhaftes Einhorn in acht leichten Schritten zu zeichnen, um dann die geliebten Vierbeiner überall hinzukritzeln!

1. Zeichne einen leichten Bogen mit zwei umgekehrt v-förmigen Spitzen links und rechts (denke an Katzenohren!).

2. Verlängere das Gesicht mit zwei geraden Linien von den Ohren nach unten.

3. Für das Maul zeichnest du einen nach unten gewölbten Bogen mit zwei seitlichen Auswölbungen.

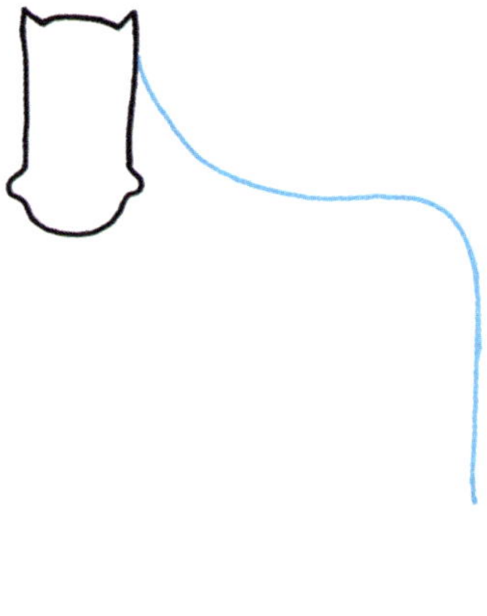

4. Jetzt geht's zur Sache: Fang unterhalb des einen Ohrs an, eine kurvige Linie zu zeichnen, die dann gerade nach unten abfällt: Sie bildet Rücken und Hinterbein. Später kannst du üben, ein angewinkeltes Bein zu zeichnen.

5. Den Rest des Körpers zeichnest du mit drei Bögen, die du unten durch kurze gerade Linien verbindest. Mit einer geraden Linie verbindest du noch Vorderbein und Gesicht. Kleine Linien formen die Hufe.

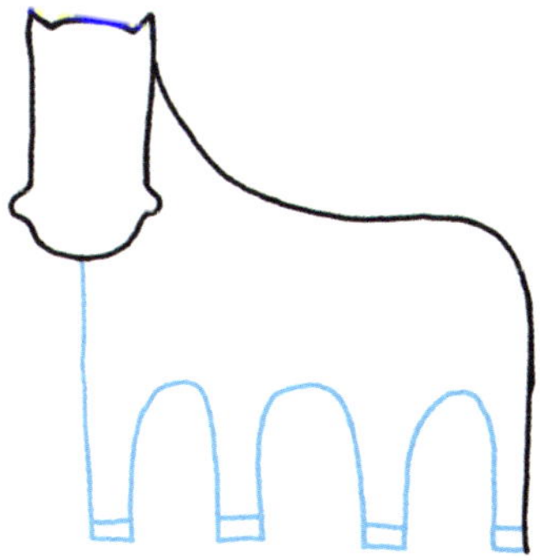

6. Füge Mähne und Schweif hinzu und radiere, falls möglich, die darunterliegenden Körperlinien weg.

7. Jetzt kommen die entscheidenden Details: zwei etwas dickere Punkte für die Augen und kleinere für die Nüstern, ein Herz am Hinterteil (kein Muss) und natürlich das Horn.

8. Male dein Einhorn an, wenn du magst, und vergiss nicht, ihm einen Namen zu geben. Sag *Hallo* zu deinem neuen Freund.

FINDE DIE UNTERSCHIEDE

Gönne dir ein bisschen Spaß und finde die 10 Unterschiede zwischen den beiden Bildern.

Lösung: 1. Arm des oberen Einhorns / 2. Unterschiedliche Anzahl Eiskugeln / 3. Regenbogenfarben in anderer Anordnung am unteren Stern / 4. Gesicht auf pinkem Herz in der Mitte / 5. Farbe des Hinterteil-Herzens / 6. Streusel auf dem unteren rechten Cupcake / 7. Untere Wolkenfarbe / 8. Farbe der Herzen neben dem Eis-Einhorn / 9. Vordere Mähne beim unteren Einhorn / 10. Diamantring fehlt

EINHORN-WEISHEITEN

Einhörner gehen nie weg, ohne uns ein paar Weisheiten mit auf den Weg zu geben, die uns guttun. Also – nicht vergessen: Always be younicorn!

1. Lass dich von deinem Herzen leiten, nicht von deinem Horn.
2. Sei du selbst – alle anderen gibt's schon!
3. Verbreite Freude, Glück und Regenbogenglitzer, wo immer du bist.
4. Donut worry, be happy.
5. Verliere niemals deinen Glauben an alles Magische!
6. Sei das Einhorn, das du gerne kennenlernen würdest!
7. Du bist, was du isst – also süß!
8. Im Zweifelsfalls immer lieber mit bunten Zuckerstreuseln als ohne ...
9. Bestelle immer Nachtisch.
10. Donut stop believin'.

Be
Younicorn

Believe
in
MagiC

Anhang

EINHORN-STECKBRIEFE

Wie in der Menschenwelt, gibt es auch unter Einhörnern gefeierte Prominente. Hier lernst du einige der bekanntesten der Einhorn-Welt kennen.

TOFFEE TÖRTCHEN, GEFEIERTE PATISSERIE-MEISTERIN

Schon in jungen Jahren zeigte Toffee Törtchen, die nahe der Buttercreme-Bucht aufwuchs, großes Interesse am Kochen und Backen. Und obwohl ihre ersten Ergebnisse nicht immer essbar waren (die Regenbogen-Makkaroni und Quarkkekse erfüllten ihre Erwartungen überhaupt nicht), haben ihre Eltern sie stets unterstützt und sie schließlich an der prestigeträchtigen Koch-Akademie Unicordon Bleu angemeldet.

Toffee Törtchen beschloss, ihre fantastische Begabung ganz auf Backwaren und Süßigkeiten zu richten, und stieg schnell zur Patisserie-Chefin des renommierten *Café Zuckerwatte* auf. Es war unter anderem ihr berühmtes Zuckerwatte-Soufflé, das ihr die Spitznamen Zuckerzauberin und Süße Sirene einbrachte.

Größter Erfolg? Als Nigel Narwal (eine Legende unter den TV-Größen der Einhorn-Welt) mein Zuckerwatte-Soufflé das Köstlichste, was er jemals gegessen hatte, nannte.

Spitzname der Kindheit?
Süßkartöffelchen

Heimliches Laster?
Ein Glas Côtes du Hôrne zu einem Aufback-Croissant nach Feierabend

Motto?
„Im Zweifelsfall lieber mit Zuckerstreuseln!"

GWENDOLYN GLITTER, LIFESTYLE-GURU

Auch wenn Gwendolyn Glitter immer wieder betont, sie sei „absolut normal", bemäkeln ihre Kritiker, dass sie auf der Sonnenseite des Lebens aufgewachsen sei. Als Kind berühmter Schauspieler strebte sie eine Filmkarriere an und gewann schon in jungen Jahren einen Goldenen Streusel als Nebendarstellerin im Drama *Wilhelm Süßerteller* von Friedrich Schillert.

In den letzten Jahren hat sie eher zweifelhafte Bekanntheit als Betreiberin einer Lifestyle-Website erlangt, die von vielen als übertrieben gesund kritisierte Produkte anpreist.

Größter Erfolg?
Meine zwei Babys Kosmos und Dattel

Lieblings-Snack?
Regenbogen-Smoothie

Lieblingsbücher?
Meine eigenen, selbstverständlich!

Tägliches Beauty-Programm?
Bio-Horniküre und Mähnenstyling

Motto?
„Ich bin eine von euch, ihr Lieben!"

Ich bin eine von euch, ihr Lieben!
Einhorn-Lifestyle
Regen-bogen-Smoothie

SCHUMI SCHWEINHORNSTEIGER, SPORTLER

Schumi Schweinhornsteiger ist ohne Frage der beliebteste Einhorn-Sportler aller Zeiten. Seine Schnelligkeit und natürliche Anmut zeigten sich früh. Er begann seine Karriere als Tänzer, aber als er die Sportuniversität besuchte, entdeckte er seine wahre Bestimmung: Fänger beim Ringwurf-Spiel. Er entwickelte seinen unverwechselbaren Stil: Im Freestyle mit eingestreuten tänzerischen Elementen fängt er so gut wie jeden Donut, der seinen Weg kreuzt, nicht ohne dabei noch kurze Gedichte zu rezitieren.

Größter Erfolg?
Weltrekord im Ringfangen bei der Donut-Olympiade

Heimliches Laster?
Gefüllte Donuts essen (verstößt auf dem Feld gegen alle geltenden Ringwurf-Regeln)

Welcher Karaoke-Song bringt dich ans Mikro?
Ring Ring von Abba

Lieblings-Snack nach dem Sport?
Regenbogen-Splitter-Smoothie

Motto? „If at first you donut succeed, fry, fry again."

TAYLOR TWIST, POPSTAR

Während der letzten Jahre hat sich Taylor Twist von ihrem Image als Kinderstar befreit und mit Songs wie „Bake them up before you go-go" die Charts gestürmt. Sie ist für ihre dynamischen Videos genauso berühmt wie für ihre energiegeladenen Live-Auftritte und ihre Vorliebe, Songs über ihre Ex-Freunde zu schreiben.

Obwohl sie das Einhorn fürs Leben noch nicht gefunden hat, ist sie kein Mauerblümchen und sammelt auf unzähligen Dates fleißig Erfahrungen für ihre nächsten Hit-Singles.

Größter Erfolg?
Der Gewinn des Pailletten-Awards für mein Album

Lieblingsfilm? Nicht lachen:
Prinzessin Lillifee und das kleine Einhorn

Wie entspannst du?
In einem hübschen Kleid beim Sonnenuntergang

Was hast du immer im Küchenschrank?
Zuckerwatte!

Motto? „Du musst viele Kröten küssen, bevor du den Prinz findest."

SEAN UNI-CONNERY, EINHORN-SCHAUSPIELER

Er stammt aus einem der abgelegensten Flecken der Einhorn-Welt, dem Himmel über Schottland, wo das Einhorn sogar das Nationaltier ist. Er eroberte die Welt des Films mit seiner bahnbrechenden Darstellung des eleganten Spionhorns James Blond.

Mit seinem unverwechselbaren Akzent und schnellen Witz erlangte er äußerste Beliebtheit, die während seiner langen, erfolgreichen Filmkarriere anhielt. Für seine herausragende Darstellung in *The Unicorntouchables* gewann er den Goldenen Streusel.

Größter Erfolg?
Ich wusste, ich habe es geschafft, als ich in einer bekannten Samstagabend-Comedy-Show parodiert wurde.

Welches ist deine Superkraft?
Mein Akzent und die Tatsache, dass ich ein Einhorn bin.

Welcher Film hat am meisten Spaß gemacht?
Die Liga der außergewöhnlichen Einhörner. Fantastisches Schauspieler-Ensemble!

Motto?
„Filme sind Schall und Rauch, aber Einhörner sind echt!"

BYYYYYe

Danke, dass du das Buch gekauft hast!